Mémoire sur la répartition de l'impôt foncier dans les Landes

FRÉDÉRIC BASTIAT

Guillaumin, 1862

TABLE DES MATIERES

MÉMOIRE SUR LA RÉPARTITION DE L'IMPÔT FONCIER DANS LES LANDES

MÉMOIRE SUR LA RÉPARTITION DE L'IMPÔT FONCIER DANS LES LANDES

DE LA RÉPARTITION DE LA CONTRIBUTION FONCIÈRE

DANS LE DÉPARTEMENT DES LANDES (1844).

Je me propose d'établir quelques faits qui me paraissent propres à jeter du jour sur ces deux questions:

1° Les forces contributives des trois grandes cultures du département des Landes, le pin, la vigne, les labourables, furent-elles équitablement appréciées lorsqu'on répartit l'impôt entre les trois arrondissements ?

2° Depuis la répartition, est-il survenu des circonstances qui ont changé le rapport de ces forces ?

S'il résultait de ces faits

Que, dès l'origine, la région des pins fut ménagée et celle des vignes surchargée;

Que, depuis, l'une a constamment prospéré et l'autre constamment décliné;

Il faudrait conclure qu'aujourd'hui celle-ci paye trop par deux motifs:

Parce qu'on aurait, en 1821, exagéré sa force contributive;

Parce que, depuis 1821, cette force aurait diminué;

Et que celle-là ne paye pas assez:

Parce qu'en 1821 ses revenus auraient été atténués;

Parce que, depuis 1821, ses revenus se seraient accrus.

Je ferai mieux comprendre ma pensée par des chiffres.

Soient 1,000 fr. d'impôts ou 1/10 du revenu à répartir entre elles.

Cette répartition devra équitablement se faire ainsi:

P pour un revenu de 5,000 fr., 500 fr. d'impôts, ou 1 fr. sur 10.
V pour un revenu de 5,000 fr., 500 fr, d'impôts, ou 1 fr, sur 10.

Mais si l'on atténue la force contributive de P d'un cinquième, la réduisant à
. . . . .

4,000 fr.,

et si l'on exagère celle de V d'un cinquième, la portant à . . . . .
6,000 fr.,

La répartition se fera ainsi:
P pour un revenu réel de 5,000 fr, supposé de 4,000 fr., 400 fr. d'impôts, 1 fr. sur 12 fr. 50 c.;
V pour un revenu réel de 5,000 fr., supposé de 6,000 fr., 600 fr. d'impôts, 1 fr. sur 8 fr. 50 c.
Tant que les forces contributives de ces deux portions de territoire continueront à être égales, l'injustice se bornera à ôter un quart de la contribution à P pour la faire supporter par V.
Mais si, au bout d'un certain nombre d'années, le revenu réel de P s'élève de 5,000 fr. à 6,000 fr., tandis que celui de V tombe de 5,000 fr. à 4,000 fr.,
La répartition devient:
P pour un revenu supposé de 4,000 fr., mais en réalité de 6,000 fr., - 400 fr. ou 1 fr. sur 15 fr.;
V pour un revenu supposé de 6,000 fr., mais en réalité de 4,000 fr., - 600 fr. ou 1 fr. sur 6 fr. 66 c.

PREMIÈRE QUESTION.

La répartition se fit-elle d'une manière équitable en 1821 ?

La règle générale est que l'impôt doit frapper le revenu.
Pour connaître le revenu des terres, on a appliqué à leurs productions le prix moyen des denrées déduit des quinze années antérieures à 1821.
Cependant, un seul mode d'opération peut conduire à des erreurs. On a cru les atténuer en cherchant le revenu par un autre procédé. Les actes de vente ont fait connaître la valeur capitale de certains domaines, et l'intérêt à 3 1/2 pour 100 du capital a été censé représenter le revenu.
On se trouvait donc, pour le même domaine, en présence de deux revenus révélés par deux procédés différents; et l'on a établi l'impôt sur le revenu intermédiaire, d'après l'autorité de cet axiome: La réalité est dans les moyennes.
Malheureusement ce n'est pas le vrai, mais le faux, qui est dans les

moyennes, quand les données d'où on les déduit concourent toutes vers la même erreur.

Examinons donc l'usage qui a été fait de ces deux bases de la répartition de l'impôt; le prix moyen de denrées et les actes de vente.

§ I. - Les prix des denrées, dit M. le Directeur des Contributions directes, ont été fixés, dans les opérations cadastrales, année moyenne, savoir:

Froment
18
fr.
77
c.
l'hect. - Vin rouge 28 à 60 fr.

Résine
2
fr.
50
c.
les 50 kilog.

Seigle
12
fr.
76
c.
l'hect. - Vin blanc 10 à 22.

Maïs
11
fr.
33
c.

Je suis convaincu que cette première base d'évaluation présente plusieurs erreurs de fait et de doctrine, toutes au profit des pins et au préjudice des labourables et des vignes.

La première série avait donné, pour toutes sortes de céréales, une moyenne de 14 fr. 28 c. La seconde ne donne que 12 fr. 32 c.: différence 1 fr. 96 c. ou 14 pour 100.

Si donc la répartition se fût faite en 1836, le revenu des terres labourables eût été évalué à 14 pour 100 au-dessous de ce qu'on l'estima en 1821.

Quant aux prix assignés aux vins blancs, savoir 10 fr. et 22 fr., suivant les qualités, ils ne me semblent pas exagérés.

Il n'en est pas de même des vins rouges. S'il est quelques vignobles qui produisent du vin de qualité assez supérieure pour qu'il se vende, net et au pressoir, à 60 fr. (ce que j'ignore), je puis du moins affirmer que les qualités inférieures sont loin de trouver le prix de 28 fr. en moyenne, ce qui suppose 35 fr. trois mois après la vendange et avec la futaille.

Je vais maintenant présenter quelques observations sur ce que j'ai nommé: Erreurs de doctrine, c'est-à-dire sur la manière erronée dont on forme les moyennes et sur les fausses conséquences que l'on en déduit.

D'abord, pour que le prix des qualités supérieures combiné avec celui des qualités inférieures donnât un prix moyen réel, en harmonie avec le revenu réel, il faudrait qu'il se récoltât autant des unes que des autres, ce qui, pour le vin, est contraire à la vérité. Le département des Landes en produit beaucoup plus de médiocre que de bon; et en négligeant cette considération, on arrive à une moyenne exagérée. Exemple: soient 100 pièces de vin à 28 fr. et 10 pièces à 60 fr., la moyenne des prix considérés en eux-mêmes, est bien 44. fr. Mais la moyenne des prix réels accusant le revenu, c'est-à-dire des sommes recouvrées pour chaque barrique l'une dans l'autre, n'est que de 30 fr. 91 c.

Ensuite, lorsqu'on introduit un prix élevé dans la série de ceux qui doivent concourir à former une moyenne, celle-ci s'élève, d'où l'on conclut à une élévation correspondante de revenu. Or, cette conclusion n'est ni rigoureuse en théorie, ni vraie en pratique.

Pour obtenir des moyennes qui représentent la réalité des faits, et dont on puisse induire le revenu, il faut donc combiner les prix obtenus avec les quantités produites, et c'est ce qu'on a négligé de faire. - Si, dans la nouvelle répartition dont on s'occupe, on prenait pour base les prix moyens des vins des trois dernières années, voyez à quels résultats différents mèneraient le procédé administratif et celui que j'indique.

L'administration raisonnerait ainsi:

1840

-

10

b/ques

à

25

fr. donnant un revenu de

250

fr.

1841

-

10
-

25

250

1843
-
10
- (Supposition gratuite).

50

500

30
b/ques, prix moyen

33
fr. 33 c. 1/3 revenu
1,000
fr.

Tandis qu'elle devrait dire:

1840
-
10
b/ques
à
25
fr.
250
fr.

1841
-
10
-

25

250

1843
-
5
- (réalité).

50

250

25
b/ques, prix moyen

30

750
fr.

C'est ainsi qu'on arrive à un revenu imaginaire, sur lequel néanmoins on ne laisse pas de prélever l'impôt.

On dira, sans doute, que la répartition est une opération déjà assez difficile sans la compliquer par des considérations aussi subtiles. On ajoutera que les mêmes procédés étant employés pour tous les produits, les erreurs se compensent et se neutralisent, puisque tous sont soumis aux mêmes lois économiques.

L'élévation du prix d'une chose peut être due à deux causes.

Ou la production de cette chose a manqué; et alors le prix hausse, sans qu'on en puisse inférer, de beaucoup s'en faut, une augmentation de revenu.

Ou la production de cette chose est stationnaire, même progressive, mais la demande s'accroît dans une plus forte proportion; et alors le prix de cette chose hausse et l'on doit conclure à une amélioration de revenu.

Or, prendre, dans un cas comme dans l'autre, le prix moyen de la chose comme indice du revenu, c'est là une souveraine injustice.

Si le haut prix de 50 fr., que la Chalosse retire cette année de ses vins, était intervenu sans diminution de quantité produite, comme, par exemple, si l'Angleterre, la Belgique et nos grandes villes, eussent renversé les barrières des douanes et de l'octroi, que par suite la consommation du vin se fût doublée et les prix avec elle, je dirais: Inscrivez 50 fr. dans votre liste de prix annuels, faites-les concourir à dégager une moyenne; car ils correspondent à une amélioration réelle de revenu.

Eh bien ! le contraire est arrivé; la Lande a été assez heureuse pour que l'amélioration des prix tourne à son profit; la Chalosse a été assez malheureuse pour que l'augmentation des prix ne lui fasse pas atteindre même à ses revenus ordinaires. Ne suis-je pas fondé à réclamer que cette différence profonde de situation soit prise en considération ?

Concluons que la première base d'évaluation a été préjudiciable aux labourables et aux vignes.

§ II. - La seconde donnée, qui a servi à déterminer les revenus imposables, est prise des actes de vente.

La valeur vénale d'une terre en indique assez exactement le revenu. Deux domaines qui se sont vendus chacun 100,000 fr. sont présumés donner le même revenu, et ce revenu doit être égal à l'intérêt que rendent généralement les capitaux, dans un pays et à une époque donnés. Le débat qui s'établit entre le vendeur et l'acheteur, débat dans lequel l'un veille à ce que le revenu ne soit pas exagéré, l'autre, à ce qu'il ne soit pas déprécié, remplace avantageusement toute enquête administrative à ce sujet, et offre de plus la garantie de cette sagacité, de cette vigilance de l'intérêt personnel, que le zèle des contrôleurs, répartiteurs et experts ne saurait égaler. Aussi, si l'on pouvait connaître la valeur vénale de chaque parcelle, je ne voudrais pas, quant à moi, d'autres bases d'évaluation de revenus et de répartition d'impôts; car cette valeur vénale résume toutes ces circonstances, si difficilement appréciables, ainsi que je l'ai dit dans le paragraphe précédent, qui influent sur le revenu moyen des terres.

Mais il ne faut pas perdre de vue la restriction que renferment ces mots: dans un pays et à une époque donnés.

L'intérêt des capitaux varie, en effet, selon les temps et les lieux.

5,000 fr. de rentes inscrites ne représentaient, en 1814, que 60,000 fr.; ils correspondent aujourd'hui à 120,000 fr. de capital.

De même, 100,000 placés en terres peuvent ne donner que 2,500 fr. de rentes, en Normandie, et constituer un revenu de 4,000 fr., en Gascogne.

Si la Chambre des députés, lorsqu'elle procédera à la péréquation générale, ne tenait aucun compte de ces différences, elle n'établirait pas l'égalité, mais l'inégalité de l'impôt.

C'est la faute qui a été commise dans notre département, lorsque l'on a voulu arriver à la connaissance des revenus par les actes de vente.

À l'époque où se fit cette opération, les terres ne se vendaient pas, sur tous les points du département, à un taux uniforme. Il était de notoriété publique qu'on plaçait l'argent à un revenu plus élevé dans la Lande que dans la Chalosse.

L'administration elle-même reconnaissait la vérité de ce fait, car elle proposa d'adopter trois chiffres pour le taux de l'intérêt, savoir: 3, 3 1/2 et 4 pour 100.

Selon cette donnée, un domaine de 100,000 fr. aurait été présumé donner 4,000 fr. de revenu, dans tel canton, tandis que, dans tel autre, on ne lui aurait attribué qu'un revenu de 3,000 fr. L'impôt se serait réparti selon cette proportion.

La commission spéciale, instituée par la loi du 31 juillet 1821, repoussa cette distinction et adopta le taux uniforme de 3 1/2 p. 100.

M. le Directeur le reconnaît lui-même.

" Cette application uniforme, dans le taux de l'intérêt, dit-il, a, sans nul doute, influé sur les résultats présentés par l'une des deux bases de la répartition, et il est inutile d'ajouter qu'elle est venue favoriser, à la vérité dans une assez faible proportion, la localité où le taux de l'intérêt est le plus élevé. "

La faible proportion signalée par M. le Directeur peut aisément se traduire en chiffres.

Supposons deux domaines vendus chacun 100,000 fr., l'un situé dans la localité où le taux de l'intérêt est à 4 p. 100, l'autre dans celle où il est à 3 p. 100.

Le premier donne 4,000 fr. de revenu, le second 3,000 fr. et l'impôt doit équitablement suivre cette proportion, puisqu'il se prélève sur le revenu.

Selon le système de l'administration, chaque cent francs d'impôts se seraient répartis entre ces deux domaines savoir:

Quote-part afférente au domaine de la Lande.
57
fr.
15
c.
pour 4,000 de revenu.

Quote-part afférente au domaine de la Chalosse.
42
fr.
85
c.
pour 3,000 de revenu.

Total . . .
100
fr.
00
c.

Mais, selon le système de la commission, cent francs se sont répartis ainsi:

Quote-part
afférente au domaine

de la Lande.
50
fr.
00
c.

-

-

de la Chalosse.
50
fr.
00
c.

Total . . .
100
fr.
00
c.

Ainsi les deux bases de la répartition de l'impôt ont été viciées, dénaturées, et toujours au profit d'une nature de propriété, les pignadas, au détriment des deux autres, les labourables et les vignes.

Passons maintenant aux résultats.

Si l'on demandait à un homme désintéressé: Quels sont les cantons qui paient le plus de contributions relativement aux vignes ? il répondrait, sans doute. Ce sont ceux qui ont le plus de superficie consacrée à cette culture, les cantons de Montfort, Mugron, Saint-Sever, Villeneuve, Gabarret; et cet homme ne se tromperait pas. À eux seuls, ces cinq cantons paient les trois quarts de l'impôt assigné aux vignobles. - Et si on lui demandait: Quels sont ceux qui paient le plus de contributions pour les landes ? il répondrait sans hésiter: Ceux qui en contiennent d'immenses étendues. Sabres, Arjuzanx, Labrit, etc. Mais ici notre interlocuteur se tromperait grossièrement, et il serait probablement bien surpris d'apprendre que ce sont la Chalosse et l'Armagnac, les pays des vignes, qui paient, non-seulement la plus grande partie, mais la presque totalité de l'impôt afférent aux landes.

fr.

fr.

Saint-Sever
6,296

Saint-Esprit
1,593

Grenade
5,599
Sabres
1,561

Mugron
3,904
Geaune
1,287

Roquefort
3,579
Dax
1,207

Hagetmau
3,327
Arjuzanx
1,168

Amou
3,000
Labrit
1,074

Montfort
3,000
Tartas (ouest)
914

Pouillon
2,883
Castets
600

Aire
2,852
Soustons
522

Saint-Vincent
2,663
Tartas (est)
495

Mont-de-Marsan
2,465
Pissos
166

Gabarret
2,272
Parentis
141

Peyrehorade
2,061
Sore
107

Villeneuve
1,817
Mimizan
94

N'est-il pas assez singulier de voir figurer dans la première moitié de cette liste tous les cantons vinicoles, Saint-Sever, Mugron, Amou, Montfort, Villeneuve, etc., ainsi que tous les cantons agricoles, Hagetmau, Aire, Peyrehorade, etc.; et dans la seconde moitié, tous les cantons qui forment la Lande et le Alaransin ?
Voici un autre rapprochement non moins curieux.

LANDES

Impôt en principal.

Impôt en principal.

fr.

fr.

1

canton;
Sabres
1,561
Saint-Sever
6,296

1

-

Arjuzanx
1,168

1

-

Labrit
1,074

1

-

Castets
600

1

-

Soustons
522

1

-

Pissos
166

1

-

Parentis
141

1

-

Sore
107

1

-

Mimizan
94

9
cantons tels que celui de Mimizan, à 94 fr. chaque
846

18
cantons

6,279

6,296

Nous apprenons encore, par le rapport de M. le Directeur des contributions directes que le canton de Mimizan, dont le territoire nourrit près de 5,000 habitants, c'est-à-dire environ un tiers de la population du canton de Saint-Sever, paie de contributions:

1,223
fr.
pour les
labourables.

8
fr.
—
vignes.

4,212
fr.
—
pins.

94
fr.
—
landes.

Total.
5,537
fr., somme inférieure à celle qu'ont à acquitter les seules landes de Saint-Sever

Le contingent de Montfort est de 40,771 fr. - Il surpasse celui de Soustons et de Castets, qui sont:

Soustons . . . .
22,338
fr.

Castets . . . .
18,108

Total . . . .
40,446
fr.

Cependant, selon le dernier dénombrement, la population de Montfort n'est que de 13,654 habitants. - Celle des deux cantons du Maransin est de 18,654 habitants.

Castets . . . .
9,906
fr.

Soustons . . . .
9,021

Le contingent du canton de Mugron est de 34,790 fr. - Il surpasse celui de ces trois cantons réunis:

Sabres . . . .
13,448
fr.

Pissos . . . .
11,694

Parentis . . . .
9,103

Total . . . .
34,245
fr.

et, à 355 fr. près, il égale celui de ces quatre cantons:

Labrit . . . .
10,286
fr.

Parentis . . . .
9,103

Sore . . . .
7,937

Mimizan . . . .
7,819

Total . . . .
35,145
fr.

Et pourtant, à notre population de 10,038 habitants, ces quatre cantons opposent une population de 20,784 habitants (plus du double). - À nos 4,486 hectares de labourables, ils en opposent 9,584 hectares (plus du double). À nos 1,887 hectares de vigne, ils opposent 43,894 hectares de pignadas (23 pour 1). Enfin, à nos 3,250 hectares de landes, ils en opposent 88,719 hectares (27 pour 1).

Loin de moi la pensée d'élever une lutte entre les arrondissements. Je crois que le débat ne peut exister qu'entre les diverses cultures, dont la force contributive a été mal appréciée. Aussi je n'ai pas hésité à comparer non-seulement des cantons situés dans divers arrondissements, mais encore des cantons faisant partie d'une même circonscription, mais soumis à des cultures différentes. C'est ainsi que j'ai opposé Montfort à Soustons et Castels. Je pourrais également comparer Villeneuve, canton vinicole du premier arrondissement, à Arjuzanx, ou même à Mont-de-Marsan, et nous retrouverions encore la même disproportion. Le premier de ces cantons, avec 8,887 habitants, paie beaucoup plus du double que le second qui en a 7,075, et autant que notre chef-lieu qui offre une population de 15,913 habitants.

Je pourrais signaler des anomalies encore plus frappantes si je voulais abandonner la comparaison des cantons pour aborder celle des communes: cela me mènerait trop loin; je me bornerai à deux faits.

La quantité de vin que donne un hectare de vigne est, en réalité, le produit de

1 hect. de vigne qui paye, dans la commune de Monfort

7

fr.

34

c.

1/2 hectare d'échalassière . . . .

2

02

1/2 hectare de landes . . . .

"

30

Total . . . .

9

fr.

66

c.

Il y a vingt communes dans le premier arrondissement qui ne sont taxées qu'à 27, 26, 24, 20 centimes par hectare de pin; et il y en a, telle que Laharie (canton d'Arjuzaux) qui ne paient que 17 c. Pour qu'une semblable répartition soit jugée équitable, il faut que le produit net d'un hectare de vigne, agencé à Montfort, soit égal au produit net de cinquante-sept hectares de pins à Laharie.

DEUXIÈME QUESTION.

Les forces contributives des diverses cultures du département ont-elles conservé les proportions qu'elles avaient lorsqu'on fit la répartition de l'impôt ?

Pour constater les revenus des terres en 1821, on n'examina pas les faits relatifs à cette année. Les baux, les actes de vente que l'on consultait, avaient des dates plus ou moins anciennes, et les prix moyens dont on faisait l'application résultaient de mercuriales qui remontaient à quinze années. Ainsi ces divers éléments n'accusaient pas un état de choses actuel, mais la situation du pays pendant une période dont le point de départ peut être fixé au commencement du siècle.

C'est donc à cette période que je dois comparer l'époque présente, et j'ai à rechercher, pendant cette durée d'environ quarante ans, les phénomènes que la science enseigne à considérer comme les manifestations les plus certaines du progrès ou de la décadence des populations.

POPULATION DES TROIS ARRONDISSEMENTS DES LANDES À DIVERSES ÉPOQUES.

1801

1804

1806

1821

1826

1831

1836

1841

Augmentation p. 100.

M. de Mar.
71,707
75,115
77,225
82,364
86,859
91,595
93,292
94,145
31
80

S. Sever.
77,467
80,384
80,602
83,585
84,486

90,446
90,500
88,587
14
20

Dax . . . .
75,098
80,601
82,486
90,362
93,959
90,463
101,126
105,345
40
"

224,272
235,556
240,313
256,311
265,314
272,504
284,918
288,077
28
50

On voit par ce tableau que l'augmentation de la population a été pour le département de 28 1/2 p. 100. Cette moyenne a été dépassée de 11 1/2 p. 100 par le troisième arrondissement; de 3 p. 100 par le premier: le second est resté de 44 p. 100 au-dessous.

L'arrondissement de Saint-Sever était le plus peuplé au commencement du siècle. Il passa au second rand en 1806; au troisième en 1831; enfin, dans la période de 1832 à 1841, sa population absolue a rétrogradé.

Il semble résulter de ce premier aperçu que l'arrondissement qui présente la plus forte production et le plus grand commerce de matières résineuses est celui qui a la plus rapidement prospéré. L'arrondissement qui vient en seconde ligne pour cette culture, est aussi en seconde ligne pour l'accroissement de la population. Enfin, l'arrondissement où la culture du pin n'occupe qu'une place insignifiante, et qui tire la principale source de ses revenus de la vigne, est demeuré à peu près stationnaire.

Il est donc essentiel d'étudier les mouvements de la population dans la circonscription cantonale, qui nous offre une séparation beaucoup plus tranchée des trois cultures dont nous comparons l'influence.

MOUVEMENT DE LA POPULATION PAR CANTON.

CANTONS.

1804

1844

AUGMENTATION p. 100.

DIMINUTION p. 100.

Castets
5,760
9,006

56

"

Dax
13,224
20,951

51

"

Mimizan
2,700
4,870

43

"

Sabres
4,994
7,144

43

"

Saint-Esprit
10,907
15,612

43

"

Parentis
4,287
5,870

37

"

Pissos
4,693
6,342

37

"

Soustons
6,625
9,021

36

"

Arjuzanx
5,304
7,095

33

"

Saint-Vincent
7,780
10,334

32

"

Sore
3,251
4,268

31

"

Labrit
4,541
5,776

27

"

Roquefort
7,453
11,501

27

"

Tartas (ouest)
8,391
10,571

25

"

Peyrehorade
10,664

13,028

21

"

Hagetmau
10,587
12,462

20

"

Mont-de-Marsan
13,301
15,915

19

"

Tartas (est)
4,595
5,335

16

"

Geaune
8,183
9,197

13

"

Montfort
12,209
13,654

11

"

Aire
10,829
11,992

10

"

Amou
12,438
13,579

10

"

Grenade
7,173
7,872

9

"

Gabarret
8,122
8,746

7

"

Villeneuve
8,296
8,887

7

"

Pouillon
13,332
14,294

7

"

Saint-Sever
15,762
15,322

"

2 1/2

Mugron
10,343
10,038

"

3

Ce tableau me semble répandre un grand jour sur la question. On y voit d'une manière claire que la prospérité a coïncidé constamment avec la culture du pin, et qu'un état lentement progressif, stationnaire, ou même rétrograde, a été le partage de la région des labourables et de la vigne.
Ces deux séries présentent les résultats suivants:

CULTURES.

POPULATION.

vignes.

pins.
1804

1841

augmen-
tation.

hect.
hect.
hab.
hab.
hab.

1re série . . .
2,160
150,022
89,910
127,463
37,553
42 p. 100.

2e série . . .
18,093
16,821
145,640
160,049
14,449
10 p.100

Totaux.
20,233
166,843
235,259
52,002
22 p. 100.

Mais, comme on va le voir, ces anomalies apparentes, bien loin d'infirmer, confirment le système que j'émets.

Remarquons d'abord qu'il s'agit des cantons où sont situées les villes de Dax, Saint-Esprit et Mont-de-Marsan, dont la population industrielle ne subit pas aussi directement que celle des campagnes l'influence de l'agriculture, qui fait principalement l'objet de ces recberches.

Saint-Esprit n'avait que 4,946 habitants en 1804; il en a 7,324 aujourd'hui. Sa situation à l'embouchure de l'Adour, son commerce, sa garnison, ses établissements militaires, sa proximité de Bayonne, expliquent ce développement.

Dax ne produit pas de matières résineuses, mais il est l'entrepôt où le Maransin vient faire ses ventes et ses achats. Dax a donc prospéré par les mêmes causes qui feraient prospérer Bordeaux, si le commerce de vins florissait et répandait la richesse dans la Gironde, quoique par elle-même la commune de Bordeaux ne puisse pas produire de vins.

Passons à Mont-de-Marsan. D'abord ce canton serait considéré à tort comme un de ceux où domine le pin. Il n'y en a que 9,828 hectares, contre 8,147 hectares de labourables et 428 hectares de vigne. L'impôt qu'il paie pour ses pins n'entre que pour 1/8 dans son contingent. Il faut donc le ranger parmi les cantons agricoles qui ressentent déjà l'influence de la culture du pin; et, sous ce point de vue, la place qu'il occupe dans le tableau ne s'éloigne pas beaucoup de celle qu'on aurait pu lui assigner à priori.

CULTURES.

POPULATION

Augmentation,

Labourables

Pins
1804

1841

Saint-Pardon
659
906
596
788

Saint-Martin
591
985
578
699

Geloux
578
1,321
600
815

Campagne
744

743
881
1,052

Saint-Avit
418
787
435
501

Saint-Pierre
903
1,037
746
1,344

Totaux . . . .
3,893
5,779
3,896
5,199
33 p. 100.

D'où il résulte clairement que, dans le canton de Mont-de-Marsan, la culture du pin a eu les mêmes conséquences que dans le reste du département. Ce qui a réduit l'augmentation de la population de ce canton à 19 p. 100, c'est l'influence de la ville de Mont-de-Marsan qui n'a pas plus d'habitants en 1841 qu'en 1804. Si l'on faisait abstraction de la ville, le canton figurerait le dixième au tableau page 302, entre Arjuzanx et Saint-Vincent. Mais quelles sont les causes de l'état stationnaire de notre chef-lieu ? Il n'entre pas dans mon sujet de les rechercher. Peut-être la diminution du commerce des eaux-de-vie n'y est-elle pas étrangère; peut-être aussi nous dissimule-t-il une partie de sa population.

Quelles sont celles qui ont fait atteindre à l'ensemble du canton le chiffre de 11 p. 100 ? C'est ce que nous allons reconnaître en observant séparément ces deux catégories.

COMMUNES

agricoles.

CULTURES.

POPULATION.	Labourables.	Vignes. 1804.	1841.
	hect.	hect.	hab.	hab.

	hect.	hect.	hab.	hab.
Clermont	450	20	825	913
Garrey	140	15	219	228
Gousse	110	6	151	216
Hinx	500	50	656	776
Louer	120	4	112	149

Ouard
330
1
321
370

Ozourt
240
22
287
350

Lier
420
1
371
509

Sort
480
30
826
943

Vicq
250
"
290
344

Cassen
170
43
348
466

Gibrel
110
76
237
292

Goos
310
60
487
566

Préchacq
410
60
491
584

Totaux...
4,040
388
5,621
6,706

Proportion des vignes aux labourables, 1/10.

Augmentation de populationt, 19 p. 100.

COMMUNES

vinicoles.

CULTURES.

POPULATION.

Labourables.

Vignes.
1804.

1841.

hect.
hect.
hab.
hab.

Montfort

190
350
1,574
1,644

Gamarde
480
310
1,194
1,336

Laurède
100
195
844
769

Lourqueu
180
120
380
416

Nousse
80
110
390
393

Poyanne
100
140
563
558

Poyartin
590
170
970
983

Saint-Geours
240

310
773
849

Totaux…
1,960
1,700

Proportion des vignes aux labourables, 1/2.

Augmentation de populationt, 4 p. 100.

Ainsi, comme, en décomposant le canton de Mont-de-Marsan, nous nous sommes assuré que s'il n'occupe pas un rang plus élevé dans l'échelle de la prospérité départementale, ce n'est pas la culture des pins qui l'a arrêté; de même, en analysant le canton de Montfort, nous acquérons la certitude qu'il ne s'est maintenu au vingtième rang que grâce à ses nombreuses communes agricoles. Si l'on en détachait ces communes, il descendrait à un des rangs les plus inférieurs, et ne serait dépassé en misère et en dépopulation que par les cantons de Saint-Sever et de Mugron.

Ces deux exemples nous avertissent que la circonscription cantonale est encore trop étendue, qu'elle admet une trop grande variété de cultures pour nous révéler d'une manière satisfaisante l'influence de chacune d'elles sur la population, puisque ces influences ne nous apparaissent que confondues. Il faut les séparer autant que possible; il faut poursuivre la vérité jusque dans la circonscription communale. C'est l'objet des cinq tableaux qui terminent cet écrit.

COMMUNES

agricoles.

CULTURES.

POPULATION.

Labourables.

Vignes.
1804.

1841.

hect.
hect.
hab.
hab.

Clermont
450
20
825
913

Garrey
140
15
219
228

Gousse
110
6
151
216

Hinx
500
50
656
776

Louer
120
4
112
149

Ouard
330
1
321
370

Ozourt
240

22
287
350

Lier
420
1
371
509

Sort
480
30
826
943

Vicq
250
"
290
344

Cassen
170
43
348
466

Gibrel
110
76
237
292

Goos
310
60
487
566

Préchacq
410
60

491
584

Totaux…
4,040
388
5,621
6,706

Proportion des vignes aux labourables, 1/10.

Augmentation de populationt, 19 p. 100.

COMMUNES

vinicoles.

CULTURES.

POPULATION.

Labourables.

Vignes.
1804.

1841.

hect.
hect.
hab.
hab.

Montfort
190
350
1,574
1,644

Gamarde
480
310
1,194

1,336

Laurède
100
195
844
769

Lourqueu
180
120
380
416

Nousse
80
110
390
393

Poyanne
100
140
563
558

Poyartin
590
170
970
983

Saint-Geours
240
310
773
849

Totaux…
1,960
1,700

Proportion des vignes aux labourables, 1/2.

Augmentation de populationt, 4 p. 100.

Comment n'être pas frappé des remarquables résultats que révèlent ces tableaux ?
Ils nous font voir que dans notre département le mouvement de la population s'est fait de la manière suivante:

Augment.:
60
p.100,
dans la région des pins.

-

34

-

dans la région intermédiaire entre les pins et les labourables.

-

16

-

dans la région des labourabes.

-

2

-

dans la région intermédiaire entre les labourables et la vigne.

Diminut.:
4

-

dans la région de la vigne.

Et il ne faut pas croire que ces deux chiffres: 60 pour 100 d'augmentation, 4 p. 100 de diminution expriment les effets extrêmes produits sur la population par les deux cultures que nous comparons. Pour qu'il en fût ainsi, il faudrait que nous fussions parvenus à les étudier isolément. Mais il n'est pas de commune où il n'entre un élément, les labourables, qui par son action, lentement progressive, ne soit venu atténuer soit l'accroissement qui s'est manifesté dans la région des pins, soit la dépopulation qui a décimé la région de la vigne. Si l'on voulait dégager l'influence propre de ces deux cultures, exclusivement à celle des labourables, il faudrait avoir recours à une règle de proportion. Je crois qu'on arriverait à un résultat trèsapproximatif par un raisonnement, rigoureux en lui-même, et qu'on ne saurait ébranler qu'en révoquant en doute les données officielles sur lesquelles il repose.

Voici le problème à résoudre:

Les vingt-deux communes où domine la vigne présentent une diminution de 890 habitants sur 20,224, ou 4 p. 100.

En admettant que, dans ces communes, comme dans le reste du département, les labourables aient favorisé, à raison de 10 p. 100, la portion de population qui leur correspond, quelle est la part d'augmentation et de diminution qu'il faut attribuer exclusivement aux pins et aux vignes ?

La population est en raison des moyens d'existence, les moyens d'existence ne sont autres que les revenus, et les revenus proportionnels de chaque culture nous sont connus par le contingent de leur contribution. De ces données, il est facile de déduire la population qui correspond à chaque culture.

Les contingents des vingt-deux communes de la première catégorie sont:

de 27,483 fr. pour les pins,
de 7,043 fr. pour les labourables.

Les revenus sont proportionnels à ces contingents.
La population est proportionnelle aux revenus.
Donc les 13,573 habitants, population de 1804, correspondaient, savoir:

Aux pins . . . .
10,815
hab.

Aux labourables . . . .
2,758

Faisant abstraction de l'augmentation cherchée, produite par les pins, il faut ajouter celle qui est due aux labourables, 16 p. 100 sur 2,758, soit . . . .
441

En sorte que si les pins n'avaient exercé aucune influence, la population de ces vingt-deux communes serait aujourd'hui de . . . .
14,014
hab.

Mais elle est de . . . .
21,771

Différence due exclusivement aux pins . . . .
7,757

Les contingent des vingt-deux communes vinicoles sont de 22,880 fr. afférents aux vignes, ce qui correspond à . . . .
11,709
hab.

16,742 fr. afférents aux vignes, ce qui correspond à . . . .
8,515

Population de 1804 . . . .
20,224

Par l'action des labourables, qui implique un accroissement de 16 p. 100 sur 8,515 habitants, cette population se serait élevée de . . . .
1,373

En sorte que, sans l'influence de la vigne, la population de 1841 serait de . . .
.
21,597
hab.

Mais elle n'est que de . . . .
19,325

Déficit dû exclusivement à la vigne . . . .
2,272

Un déficit de 2,272 sur 11,709 équivaut à 19 p. 100.
Ce qui ne veut pas dire autre chose, si ce n'est que, dans une commune où il n'y aurait que des pins, la population aurait augmente de 71 p. 100; qu'elle aurait diminué de 19 p. 100 dans une commune où il n'y aurait que des vignes, et qu'en réalité les mouvements progressifs et rétrogrades se sont accomplis, entre ces deux limites, dans chaque circonscription, selon les proportions de ces cultures combinées avec un troisième élément, les labourables.
Voici donc en définitive la loi qui a présidé au mouvement de la population dans le déparTement des Landes:

Pin . . . .
augment.
71

p. 100

7/8 pin et 1/8 labourables.
(tableau
page
329)

-

60

-

4/5 pin et 1/5 labourables.

-

-

330)

-

34

-

Labourables . . . .

-

-

331)

-

16

-

2/3 labourables et 1/3 vign.

-

332)

-

2

-

1/2 labourables et 1/2 vign.

-

-

333)
diminut.
4

-

Vignes . . . .

-
19
-

Cela est bien injuste. Mais combien l'injustice est plus criante, si dès l'origine le contingent fut mal réparti, comme je crois l'avoir démontré dans la première partie de ce travail !

Il m'en coûte beaucoup de fatiguer l'attention du lecteur sous le poids de chiffres arides. Je ne puis cependant pas quitter la question que je traite, sans le faire pénétrer dans les détails de ce phénomène de dépopulation qui a frappé non-seulement la région de la vigne, mais encore un rayon assez étendu autour de cette région, comme pour mettre le nombre des hommes en rapport avec les revenus réduits, tels que les a faits la législation des douanes et des contributions indirectes. Le coeur se serre à l'aspect de la détresse profonde que cette dépopulation implique.

DÉSIGNATION
des
communes.

PREMIÈRE PÉRIODE.

DEUXIÈME PÉRIODE.

Naissances

Décès

excédants
Naissances

Décès

excédants

de naissances.

de décès.
de naissances.

de décès.

Mugron

1,173
959
216
"
949
1284
"
335

Nerbis
283
229
54
"
179
267
"
88

Laurède
414
287
127
"
304
333
"
29

Gamarde
611
433
178
"
545
655
"
110

Donzacq
669
362
307

"

541

531

10

"

St-Geours

492

401

85

"

404

498

"

94

Ranos

202

175

27

"

180

155

25

"

Baigts

469

303

166

"

400

367

33

"

Lourquen

172

127

45

"

176

162

14
"

Montaut
548
424
124
"
464
490
"
26

Poyanne
250
225
25
"
269
273
"
4

Hauriet
291
187
104
"
224
234
"
10

Montfort
702
462
240
"
137
138
"
1

Nousse
159
103
56
"
404
470
"
66

St-Aubin
432
343
89
"
404
470
"
66

Totaux . . .
6,869
5,026
1,843
"
5,814
6,445
132
753

Je supplie le lecteur de donner à ces chiffres l'attention la plus sérieuse. De 1814 à 1828, il y eut 6,869 naissances et 5,026 décès. La population était progressive, chaque 1,000 habitants donnant 33 naissances contre 24 décès.

Mais de 1829 à 1843, les naissances sont tombées à 5,814 ou 27 1/2 par 1,000 habitants, et les décès se sont élevés à 6,445 ou 30 1/2, par 1,000 habitants.

C'est ainsi que les faits les mieux constatés viennent donner aux lois de la population, révélées par la science, leur lugubre consécration.

" Les obstacles à la population qui maintiennent le nombre des habitants au niveau de leurs moyens de subsistance, dit Malthus, peuvent être rangés sous deux chefs: les uns agissent en prévenant l'accroissement de la population, et les autres en la détruisant à mesure qu'elle se forme. "

Sur quoi M. Senior fait cette réflexion:

" Malthus a divisé les obstacles à la population en préventifs et destructifs. Les premiers diminuent le nombre des naissances, les seconds augmentent celui des décès; et comme son calcul ne se compose que de deux éléments, la fécondité et la longévité, il n'y a pas de doute que sa division ne soit complète. "

On s'est élevé dans ces derniers temps contre cette doctrine. On lui a reproché d'être triste, décourageante. Il serait heureux, sans doute, que les moyens d'existence pussent diminuer, s'anéantir, sans que pour cela les hommes en fussent moins bien nourris, vêtus, logés, soignés dans l'enfance, la vieillesse et la maladie. Mais cela n'est ni vrai ni possible; cela est même contradictoire. Je ne puis vraiment pas concevoir les clameurs dont Malthus a été l'objet. Qu'a donc révélé ce célèbre économiste ? Après tout, son système n'est que le méthodique commentaire de cette vérité bien ancienne et bien claire: quand les hommes ne peuvent plus se procurer, en suffisante quantité, les choses qui alimentent et soutiennent la vie, il faut nécessairement qu'ils diminuent en nombre; et s'ils n'y pourvoient par la prudence, la souffrance s'en chargera.

Cependant la prudence, ou ce que Malthus appelle l'obstacle préventif, ne suffit pas pour faire baisser la population aussi rapidement que les revenus; il faut que l'obstacle répressif ou la mortalité vienne concourir à rétablir l'équilibre. Puisque l'abondance des choses a diminué, il faut qu'il y ait privation: la privation entraine la souffrance et la souffrance amène la mort. Les métairies sont moins productives; par conséquent leur étendue, qui avait été calculée pour un autre ordre de choses, tend à augmenter; de deux métairies on en fait une, ou de trois deux. Dans la seule commune de Mugron, vingt-neuf métairies ont été ainsi supprimées de nos jours; ce sont autant de familles infailliblement vouées à une lente destruction. Enfin, ce qui reste a moins de moyens de se garantir contre la faim, le froid, l'humidité, la maladie; la vie moyenne s'abrège, et en définitive, là où 1,000 habitants ne donnaient que 24 décès, ils en présentent 30 1/2.

Oui, l'idée qu'on se ferait de la détresse de la rive gauche de l'Adour serait bien incomplète, si on l'appréciait par les tables de la mortalité. La décroissance du revenu n'atteint pas seulement cette classe qui ne peut rien perdre sans être vouée à la mort. Combien de familles tombent, avant de succomber, de l'opulence dans la médiocrité, de la médiocrité dans la gêne, et de la gêne dans le dénûment ! Elles suppriment d'abord les dépenses de luxe, puis celles de commodité, ensuite celles de convenance; elles descendent du rang qu'elles occupaient dans la société. Interrogez ces maisons en ruine, ces meubles délabrés, ces enfants dont l'éducation est interrompue; ils vous diront que le niveau général s'abaisse au moral comme au physique; que le monopole et le fisc, ces tyrans de notre industrie, savent à combien peu de frais les hommes peuvent subsister, et que malheureusement la destruction ne suit pas toujours la misère.

Les faits que j'ai établis sont incontestables. Mais je ne doute pas qu'on n'essaie d'ébranler la conclusion en niant ce principe, que la population varie comme les moyens d'existence. " Nous n'acquiesçons pas, pourra-t-on dire, à cette doctrine de Malthus. Dans la région des pins, nous sommes plus nombreux qu'autrefois, sans doute; mais il ne s'ensuit pas que le revenu de nos forêts ait augmenté. Seulement il se partage entre un plus grand nombre de personnes. "

Je me garderai bien de me livrer ici à de longues dissertations sur le principe de la population. Je sais qu'il soulève des questions qui sont encore controversées. Mais quant au principe lui-même, quant à cet axiome que l'augmentation de la population est l'effet, la preuve et le signe d'un accroissement correspondant de moyens d'existence ou de revenus, je n'ai pas connaissance qu'il ait jamais été mis en doute par aucun publicisle de quelque valeur; et je crois ne pouvoir mieux faire que de placer ma démonstration sous l'autorité d'un grand nombre d'écrivains, qui s'accordent tous sur ce point, quelle que soit d'ailleurs la divergence de leurs opinions et de leurs systèmes.

" Quel est le signe le plus certain que les hommes se conservent et prospèrent ? C'est leur nombre et leur population. "(Rousseau, Contrat social, chap. ix.)

" Partout où il se trouve une place où deux personnes peuvent vivre commodément, il se fait un mariage. La nature y porte assez quand elle n'est pas arrêtée par la diffculté de la subsistance. "(Montesquieu, Esprit des Lois, liv. XXIII, chap. x.)

" Au bout d'un certain nombre d'années, la population d'un pays industrieux et commerçant se rapproche de la mesure des subsistances. "(Necker, de l'Administration des Finances, chap. ix.)

" Pour vivre il faut se nourrir, et comme tout accroissement a un terme, c'est là que la population s'arrête. "(Stewart, t. VI, p. 208.)

" Le seul signe certain d'un accroissement réel et permanent de population est l'accroissement des moyens de subsistance. "(Malthus, liv. II, chap. xiii.)

" La détresse influe prodigieusement sur les tables de la mortalité. En thèse générale, on peut dire que, dans notre espèce, il existe toujours des hommes autant et en proportion qu'ils savent et qu'ils peuvent se procurer des moyens de subsistance. "

Il est certain que l'augmentation du nombre des individus est une conséquence de leur bien-être. "(Destutt de Tracy, Commentaire de l'Esprit des Lois, chap. xxii, liv. XXIII.)

" La population d'un pays n'est jamais bornée que par ses produits; la production est la mesure de la population. "(J. B. Say, Cours d'économie politique, 6e partie, chap. II.)

" La population croît naturellement à mesure que les ressources pour exister augmentent. "(Droz, Économie politique, liv. III, chap. vi.)

" Tant que les moyens de vivre s'accroissent, la population se multiplie; quand ils restent stationnaires, la population reste stationnaire; aussitôt qu'ils diminuent, la population diminue dans la même proportion. "(Ch. Comte, vol. VII, pag. 6.)

Qu'on me pardonne ce nombre inusité de citations; j'ai cru ne pouvoir trop solidement établir un principe qui sert de base aux plaintes et aux réclamations de mon pays.

Ier ARRONDISSEMENT.

IIe ARRONDISSEMENT.

Quantités.

Prix

Valeurs.
Quantités.

Prix.

Valeurs.

CÉRÉALES
hect. lit.
fr. c.
fr. c.
hect. lit.
fr. c.
fr. c.

Froment...
0,55
15,20
8,36
0,97
14,90
14,15

Méteil...
0,09
11,20
0,90

0,10
10,40
1,04

Seigle…
2,25
7,93
17,92
6,37
9,21
3,42

Maïs, millet…
1,70
7,12
12,10
2,62
9,13
23,82

Totaux…
4,60

39,28
4,06

42,73

VIANDES.
kil.

kil.

Boeuf…
1,66
0,70
1,16
1,52
0,65
0,99

Veau…
0,55

0,70
0,38 1/2
0,22
0,70
0,15

Mouton...
1,67
0,60
1,00
0,48
0,63
0,31

Agneau...
0,63
0,65
0,43
0,30
0,65
0,19 1/2

Porc...
10,64
0,65
6,92
10,31
0,65
6,70

Chèvre...
0,09
0,30
0,27
"
"
"

Totaux...
15,24

16,16 1/2
12,84

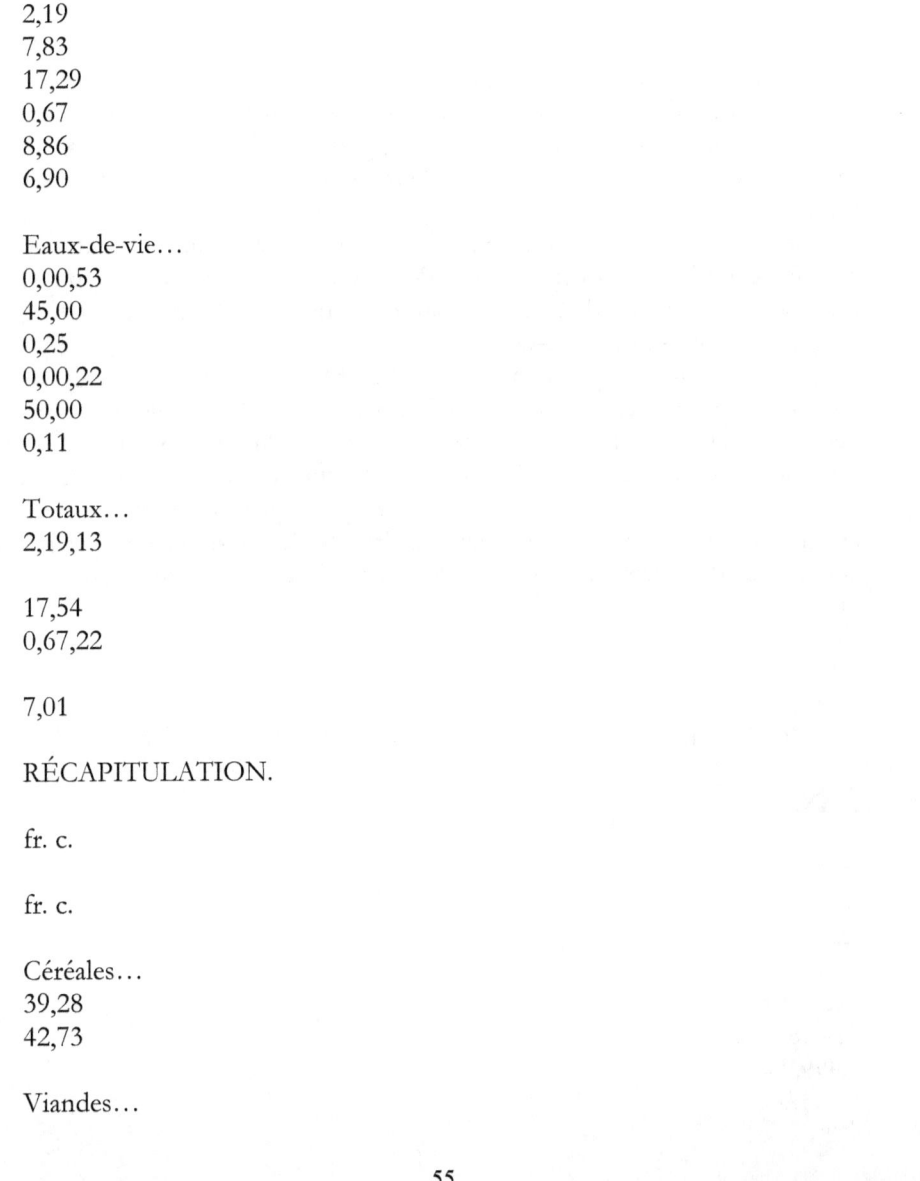

8,37 1/2

BOISSONS.
hect. lit.

hect. lit.

Vin…
2,19
7,83
17,29
0,67
8,86
6,90

Eaux-de-vie…
0,00,53
45,00
0,25
0,00,22
50,00
0,11

Totaux…
2,19,13

17,54
0,67,22

7,01

RÉCAPITULATION.

fr. c.

fr. c.

Céréales…
39,28
42,73

Viandes…

10,16
8,37

Poissons…
17,54
7,01

Totaux…
66,98
48,11

Ce qu'il faut surtout comparer, c'est les consommations du premier et du deuxième arrondissement, qui puisent leurs revenus, au moins dans une forte proportion, à des sources différentes, puisque l'un paie le double pour ses pins que pour ses vignes, et l'autre le triple pour ses vignes que pour ses pins.

Or, nous voyons que la consommation annuelle de chaque habitant du premier arrondissement dépasse celle de chaque habitant du second, de 54 litres pour les céréales, de 2 kil. 40 pour la viande, de 152 litres pour le vin, et de 21 centilitres pour l'eau-de-vie.

En argent la différence est moins forte, parce que, par des motifs dont je ne me rends pas compte, le document officiel porte le seigle, le maïs et le vin, à des prix beaucoup plus élevés à Saint-Sever qu'à Mont-de-Marsan. Mais cette différence est encore de 8 fr. 87 c, en faveur de l'habitant des Landes; et cette somme, multipliée par le chiffre de la population du premier arrondissement, en 1836, établit une supériorité de consommation, et par conséquent de revenu, de plus de 800,000 fr. du côté de l'arrondissement qui paie 30,000 fr. de moins de contributions en principal.

MONT-DE-MAR.

SAINT-SEVER.

DAX.

fr.
fr.
fr.

Froment
784,189
1,499,908
848,371

Méteil
93,251
97,573
60,375

Seigle
2,175,885
357,016
775,705

Maïs et millet
1,183,030
1,991,262
2,746,440

Vins
1,602,970
536,782
1,059,416

Eau-de-vie
22,000
10,000
84,000

Pommes de terre
34,164
35,405
35,627

Légumes secs
28,888
37,969
47,708

Viandes
906,764
749,828
1,159,689

Totaux . . . .
6,831,141

4,815,732
6,817,331

On voit combien était dans l'erreur M. le Ministre de l'intérieur lorsque, pour dissuader le Conseil général de réviser la sous-répartition actuelle, il écrivait, le 14 octobre 1836, qu'il n'était pas probable qu'il fût survenu de changements marqués dans le produit des vignes et des pins. Les faits révèlent une inégalité sérieuse et profonde. Ainsi, en céréales, viandes et boissons, il est consommé pour une valeur de

72
fr.
56
c.
par chaque
habitant
du 1er
arrondissement.

64

71

-

-

du 3me

-

54

60

-

-

du 2me

-

Et cependant, dans les cantons de Saint-Sever, Mugron, Aire, chaque habitant paie 3 fr. 24 c. de contribution en moyenne; tandis que dans les cantons de Labrit, Parentis, Sore, Mimizan, Sabres, Pissos, il ne paie que 1 fr. 86 c, d'où il résulte que pour les premiers de ces cantons, le rapport de l'impôt à la consommation est de 5 fr. 93 c. à 100, tandis qu'il n'est que de 2 fr. 56 c. à 100 pour les seconds.

Si l'on voulait se donner la peine de condenser en chiffres toutes les considérations qui précèdent, voici les résultats auxquels on arriverait:
Le contingent de chacune des trois grandes cultures du département est de

279,724
fr.
pour les labourables,

66,396

pour les vignes,

75,888

pour les pins.

Total ...
422,008
fr.

Ce qui implique que chacune d'elles concourt à un revenu de 1,000 fr., selon le rapport des nombres:
663 - 157 - 180.
C'est là le rapport qu'il s'agit de rectifier conformément aux observations contenues dans les deux paragraphes de cet écrit.
Dans le premier, nous avons vu que les évaluations avaient été viciées par l'application de prix moyens inexacts, et d'un taux d'intérêt uniforme.
Pour les céréales, on avait adopté le prix commun de 14 fr. 28 c., tandis que les mercuriales, de 1828 à 1830, n'accusent que 12 fr. 52 c. - Préjudice fait aux labourables: 12 1/3 p. 100.
Pour les résines, on a établi le prix de 2 fr. 50 les 50 kil.
- En le portant à 3 fr. 50 c. on serait encore resté au-dessous de la vérité. Les pins ont donc été favorisés dans la proportion de 40 p. 100.
Rectifiant le revenu des trois cultures selon ces bases, ils sont entre eux comme:
582 - 141 - 252.
D'un autre côté, si l'intérêt à 3 p. 100 pour les labourables et les vignes, et 4 p. 100 pour les pins, eût prévalu sur le taux uniforme de 3 1/2 p. 100, le revenu des deux premières cultures eût été évalué à 16 2/3 p. 100 de moins, et celui de la troisième à 16 2/3 p. 100 de plus; et leurs forces contributives se seraient trouvées proportionnelles aux nombres:
553 - 131 - 210.
La moyenne entre ces deux bases d'opération est de:

567 - 136 - 231.

Et par conséquent le contingent de 422,008 fr. se serait réparti comme suit:

Pour les labourables
256,189
fr.
au lieu de
279,734

Pour les vignes
61,448

-

66,396

Pour les pins
104,371

-

75,888

Totaux . . . .
422,008
fr.

422,008
fr.

Telle eût dû être la répartition originaire, en supposant qu'il n'a pas été commis, sur les quantités produites, des erreurs analogues à celles que nous avons relevées sur les prix moyens et le taux de l'intérêt.

Mais dans le second paragraphe de ce travail, nous avons constaté que la population, et par induction le revenu, a varié comme suit:

Les labourables ont gagné
16
p. 100.

Les vignes ont perdu . . . .
19

-

Les pins ont gagné . . . . . .

71
-

Les trois rapports ci-dessus: 567 - 136 - 231 - doivent donc être modifiés selon ces nouvelles données, et remplacés par ceux-ci:
657 - 110 - 395.
D'où il suit, qu'en définitive le contingent de 422,008 fr. devrait se répartir ainsi;

Labourables.
238,603
fr.
au lieu de
279,724
fr.

Vignes . . . .
39,964

-

66,396

Pins . . . . . .
143,441

-

75,888

En d'autres termes, l'impôt est trop élevé:

Pour les labourables . . . .
d'un sixième.

Pour les vignes . . . .
de plus d'un tiers.

Celui des pins est atténué . .
de près de moitié.

Je ne puis m'empêcher de soumettre au lecteur, en terminant, quelques réflexions qui ne s'écartent pas trop du sujet que je traite.
C'est ainsi que s'explique la dépopulation que constatent les dénombrements et les actes de l'état civil.

Ce lamentable phénomène se lie à une révolution agricole qui s'opère sous nos yeux et qu'on n'a pas assez remarquée.

La superficie des métairies s'était naturellement proportionnée à ce qui était nécessaire, pour que la part colonc pût faire vivre une famille de cultivateurs.

Lorsque, par suite de la dépréciation des produits, cette part est devenue insuffisante, le métayer est tombé à la charge du propriétaire; et celui-ci s'est vu dans l'alternative ou de laisser le domaine sans culture ou de prendre sur sa propre part, déjà réduite, de quoi suppléer à celle du colon.

Dès ce moment, l'aliment du métayer a été pesé, mesuré, restreint au strict nécessaire. De plus, une tendance prononcée s'est manifestée vers l'agrandissement des métairies, ici des réunions se sont opérées; là on a arraché des vignes pour agrandir les labourables. Tous ces expédients ont un résultat et même un but commun: diminuer le nombre d'hommes, rétablir l'équilibre entre la population et les subsistances.

Si cette évolution, avec les conséquences qu'elle entraine, avait pour cause quelque cataclysme physique, il faudrait gémir et baisser la tête. Mais il n'en est pas ainsi; la Providence ne nous a pas retiré ses dons, le ciel de la Chalosse n'est pas devenu d'airain, le soleil et la rosée n'ont pas cessé de la féconder. Pourquoi donc ne peut-elle plus nourrir ses habitants ?

C'est donc la législation qui est la cause de nos maux. Les manufacturiers nous ont dit: " Vous n'achèterez qu'à nous et à notre prix. "Le fisc: " Vous ne vendrez qu'après que j'aurai pris la moitié de votre produit. "

La législation nous tue, dans le sens le plus absolu du mot; et si nous voulons vivre, il faut réformer la législation. (V. le Discours sur l'impôt des boissons, t. V, p. 468.)

Or une réforme dans la législation ne peut émaner que du corps électoral.

Mais comment remplit-il sa mission ?

En présence des maux sans nombre qui dépeuplent nos champs et nos villes, que fait-il pour modérer l'action du fisc, pour restituer aux hommes la faculté d'échanger entre eux, selon leurs intérêts, le fruit de leurs sueurs ?

Ce qu'il fait ? Il remet le mandat législatif à nos adversaires; il va chercher des représentants dans les forges, dans les fabriques et jusque dans les antichambres.

On entend de toute part proclamer cette doctrine: " Les faveurs sont au pillage; bien fou celui qui ne fait pas comme les autres. "

Parmi les hommes qui tiennent ce langage, il en est qui ne songent qu'à eux, - je n'ai rien à leur dire. Mais d'autres ne peuvent être soupçonnés d'un tel égoïsme; leur fortune les met au-dessus des combinaisons d'une ambition mesquine. Une raison sans réplique constate, d'ailleurs, leur désintéressement personnel: s'ils cherchaient leur propre avancement, ce n'est pas du droit électoral, mais de la députation qu'ils se feraient un marchepied; et on les voit décliner la candidature.

Mais, je le demande, ces grâces, ces faveurs, quelque multipliées qu'on les suppose, ont-elles aucune proportion avec les maux que je viens de décrire ? Qu'importe à ces paysans que l'inanition décime, à ces artisans sans ouvrage, à ces propriétaires dont la plus âpre parcimonie peut à peine retarder la ruine, qu'importe à ces victimes du fisc et du monopole qu'une sous-préfecture, un siège au Palais, aillent payer à l'Électeur en évidence le salaire de son apostasie ? - Rendez-leur le droit d'échanger, et vous aurez plus fait pour votre pays que si vous lui aviez concilié la faveur du duc de Nemours en personne, ou celle du Roi lui-même !